Cómo vender inmuebles al por mayor:

Cómo Comenzar Invirtiendo en Bienes Raíces sin Capital y con Grandes Retornos

Por

Income Mastery

El siguiente libro se escribe con el objetivo de proporcionar información lo más precisa y confiable posible. En cualquier caso, la compra de este libro toma en cuenta que, tanto el editor como el autor, no son expertos en los temas tratados y que las recomendaciones o sugerencias que se hacen aquí son solo para fines de entretenimiento. Profesionales deben ser consultados según sea necesario antes de emprender cualquiera de las acciones aquí mencionadas.

Esta declaración se considera justa y válida tanto por la American Bar Association como por el Comité de la Asociación de Editores y se considera legal en todos los Estados Unidos.

Además, la transmisión, duplicación o reproducción de cualquiera de los siguientes trabajos, incluida la información específica, se considerará un acto ilegal independientemente de si se realiza de forma electrónica o impresa. Esto se extiende a la creación de una copia secundaria o terciaria del trabajo o una copia grabada y solo se permite con el debido consentimiento expreso por escrito del autor. Todos los derechos adicionales reservados.

La información en las siguientes páginas se considera, en términos generales, como una descripción veraz y precisa de los hechos y, como tal, cualquier falta de atención, uso o mal uso de la información en cuestión por parte del lector hará que las acciones resultantes sean únicamente de su competencia. No hay escenarios en los que el editor o el autor de este libro puedan ser considerados responsables de cualquier dificultad o daño que pueda ocurrirles después de realizar la información aquí expuesta.

Además, la información en las siguientes páginas está destinada únicamente a fines informativos y, por lo tanto, debe considerarse como universal. Como corresponde a su naturaleza, se presenta sin garantía con respecto a su validez prolongada o calidad provisional. Las marcas comerciales que se mencionan se realizan sin consentimiento por escrito y de ninguna manera pueden considerarse como auspicios de la misma.

Contenidos

Bienes raíces... ¿Qué es?

El diccionario básico tributario contable, define los bienes raíces como las cosas que no pueden transportarse de un lugar a otro, como las tierras y minas y las que se adhieren permanentemente a ellas, como los edificios, construcciones, casas y árboles.

Entendiendo este significado podemos decir que se considera bienes raíces a toda aquella construcción que está íntimamente unida al suelo, ya sea de forma jurídica o física, o sea, que son inseparables legalmente. También se considera a los buques, barcos o aeronaves acuáticas como bienes raíces, ya que su completa funcionalidad se encuentra ligada a la superficie marítimas, siendo inútil si se llegan a desligar de esta superficie. Se hace mención especial a las minas y vías del tren, ya que son construcciones cuyo atractivo principal es la misma construcción, ya sea por ser el origen de la atracción o por ser el producto referente para la actividad económica.

A pesar de que los bienes raíces son considerados inversiones seguras y de bajo riesgo. Muchas de las personas que han decidido invertir en bienes raíces han perdido mucho dinero, ya sea por haber comprado un inmueble en un lugar con muy mala ubicación, por no encontrar a quién rentarlo luego de haber comprado el inmueble, o por tener que realizar reparaciones o remodelaciones que al final terminan siendo más caro de lo que se imaginó en un principio y solo les genera pérdidas.

Es por eso que antes de empezar con el mundo de las inversiones inmobiliarias, se debe de tener en cuenta ciertos puntos para no poner en riesgo tu inversión.

<u>CONSEJOS</u>

1. Analizar bien la unidad que se tiene pensado comprar y la inversión total que significará: Ten siempre en cuenta los valores de Riesgo/Beneficio como, ubicación del inmueble, el precio, el estado a la hora de comprar, la necesidad de reparaciones del inmueble o remodelaciones, el mantenimiento que será necesario, los impuestos que se deben pagar en el tiempo, el crédito necesario para poder adquirir el inmueble y sobre todo, la posibilidad que permita que el inmueble sea vendido rápidamente o alquilado a un precio que justifique la cantidad invertida en él.

2. Pensar que son inversiones a largo plazo. No vender antes de tiempo. Las inversiones en inmuebles son en su mayoría, inversiones a largo plazo, algunas pueden llegar a ser a mediano plazo pero nunca se consideran inversión a corto plazo. Es por eso que debemos tener en cuenta que las ganancias que se obtengan por medio de

la inversión en inmuebles, se verán a largo plazo. Recuerda que la plusvalía de un inmueble está sujeta al tiempo y al mercado inmobiliario.

3. Calcular la rentabilidad del inmueble antes de invertir. Para poder encontrar la mejor opción de inversión es necesario tener en cuenta la rentabilidad y también se aconseja tomar otros factores como el riesgo.

La fórmula para encontrar la rentabilidad de un inmueble es:

Rentabilidad = (Ganancia / Inversión) x 100

Para calcular la rentabilidad de un inmueble, se debe de tener en cuenta la inversión del inmueble y la ganancia que ha generado, la cual será la diferencia entre el valor de inversión (Compra) y el valor de liquidación (Venta) o en caso de alquilarlo, por la diferencia entre los ingresos de renta y los gastos (flujo de efectivo).

Por ejemplo, si un inmueble tuvo una inversión de US\$30 000, y luego se vende a US\$40 000, la rentabilidad del inmueble habrá sido de (40000 – 30000 / 30000) x 100 = 33.3%.

Si un inmueble tuvo una inversión de US\$30 000, los ingresos por renta en un año fueron de US\$12 000, y los gastos en el mismo periodo de tiempo fueron de US\$10 000, la rentabilidad del inmueble habrá sido de: (12000 – 10000 / 30000) x 100 = 6.7%.

4. Diversificar la inversión. Esto es muy importante, no invertir todo en un mismo mercado, para alguien que invierte en el mundo de los bienes raíces, la diversificación puede darse en realizar diferentes compras de inmuebles mucho más baratos y rentarlos, que ponerlo todo en una sola inversión de un inmueble mucho más caro.

5. La preventa es la clave. Busca invertir en proyectos de inmuebles con precios de preventa, la cual te permite tener una rentabilidad aún más grande por ser una venta a largo plazo.

6. Asegurarse de que los papeles del inmueble se encuentran en orden. A la hora de realizar la compra de un inmueble, hay que exigir un certificado de libertad de gravámenes, para poder tomar posesión efectiva del inmueble. Tener los títulos de propiedad y uso del inmueble, también debes de exigir los planos de la propiedad donde se especifiquen los límites del inmueble.

7. Si se va a alquilar, debes de asegurarte de que existan garantías. Tienes que tener la información sobre las personas que desean alquilar la propiedad, busca tener muchas referencias sobre el inquilino, busca que sean personas honorables.

8. Cuando se invierte en un inmueble que está en construcción, debes de ver que la empresa encargada de la construcción tenga finanzas que

garantice que se termine la obra. También puedes conseguir la licencia de construcción y el permiso de descarga de aguas residuales.

9. Debes de tener cuidado con las zonas sin plusvalía. En un lugar donde hay mucha oferta de inmuebles, el precio de esta no crece si no que disminuye, existen varios factores que pueden limitar el aumento del valor, entre ellos tenemos la construcción de ejes viales y la falta de planeación para hacer frente a la carga de tránsito vehicular.

10. Analiza el mercado antes de ver un inmueble. Antes de comprar o prestar dinero, busca la información del mercado. Puede pasar que las rentas en la zona han subido en los últimos años pero debes de saber cuánto potencial existe en el área para una inversión. Si las rentas están altas, pero existe muy pocos locales comerciales, oficinas o viviendas vacías, esto será un indicativo de que la zona aún tiene potencial para el crecimiento, lo que indica que es un buen sitio para invertir.

Una propiedad se trata de un bien que se une al suelo de forma inseparable, de forma física y legal, los bienes raíces pueden separarlas en 3(tres) diferentes grupos: Residencial, comercial e industrial.

- Residencial: terrenos sin desarrollar, casas, condominios, etc.

- Comerciales: Edificios de oficinas, almacenes, edificios de tiendas al por menor, etc.

- Industriales: Fábricas, minas, granjas, etc.

Existen dos tipos de derechos en bienes raíces

Bienes raíces: Personal Property o Propiedad personal. Esta incluye los bienes intangibles como lo son los bonos, las acciones u otras inversiones. Esta también incluye los bienes tangibles como muebles, computadoras, camas, ropa.

Los bienes raíces (Real State) se encuentran dentro del Real property (Bienes inmuebles). Real property es un término menos utilizado el cual incluye los bienes raíces más una serie de derechos sobre estos, este conjunto de series de derechos incluye que el propietario utilice su propiedad como le plazca.

El conjunto de derechos que tiene el dueño de una propiedad se divide en 5.

1. Posesión: derecho a ocupar la propiedad.

2. Disfrute: derecho a utilizar la propiedad sin interferencias externas.

3. Control: Derecho de determinar los intereses propios.

4. Exclusión: derecho de rechazar los intereses de otros.

5. Disposición: Derecho de determinar si la propiedad es vendida o cedida a otra parte y en qué forma.

Los activos inmobiliarios pueden tener hipotecas mientras que los muebles no, y se pueden escribir en los registros públicos de la propiedad para obtener un mayor control jurídico.

¿Qué son los REITs?

Existe una gran variedad de formas de invertir en bienes raíces, una de ellas es la inversión en fidecomisos de bienes raíces o bien conocidas como REITs.

Para los que no le llama la atención el hacerse cargo de una propiedad, existen los REITs, que ofrecen la oportunidad de poder participar directamente en la propiedad o en la financiación de proyectos inmobiliarios. Estos pueden generar rentas de bienes raíces en la inversión de edificios de oficinas, departamentos, centros comerciales, hoteles y almacenes. Muchos de estos REITs se enfocan en un solo sistema de inversión de bienes raíces.

La gran parte de los inversores se deciden por los REITs debido a su alta tasa de ganancias, aunque por lo general son totalmente gravables, todos los sectores de bienes raíces se ven afectados por diferentes ciclos económicos, es por eso que los REITs se intensifican en la inversión de un solo sector. Los REITs más pequeños tienen una volatilidad mayor, pero puedes obtener un mayor potencial de crecimiento con estos.

¿Qué nos ofrece la inversión en REITs?

La principal ventaja es que a través de los REITs, cualquiera puede acceder a la inversión en el sector inmobiliario, con un amplio portfolio de propiedades, diversificado, con todas sus ventajas y sin los inconvenientes de comprar directamente inmuebles (amplio capital, falta de liquidez, etc.).

Además, mediante la compra de acciones de REITs, no sólo se compran los activos inmobiliarios que tengan en cartera, sino que se compra un negocio completo que incluye también un equipo gestor con experiencia y especializado en optimizar y maximizar su beneficio por nosotros.

No somos nosotros los que tenemos que valorar los activos, comprarlos y luego gestionarlos, es un pack completo.

Un ejemplo de esta experiencia se puede ver en cómo se gestionó en la mayoría de REITs la crisis brutal de las "hipotecas subprime" en 2007-2008 en USA, un cóctel de ingredientes que llevó a una "tormenta perfecta en el sector" y a una de las peores que se recuerda, que incluso se ha llegado a comparar con la del año 29. Una crisis que dejó muchos cadáveres en el sector inmobiliario, pero que la mayor parte de REITs superaron con una estrategia conservadora por parte de sus gestores: ratios razonables de deuda, junto con ampliaciones de capital y recorte de dividendos en algunos casos para liberar cash-flow con el que rebajar más los ratios de deuda y evitar problemas en su viabilidad.

Un estudio realizado en Enero de 2011, comenta que los dividendos se habían recortado en el sector alrededor del

35% sobre el pico de 2006-2007. Por supuesto, hablamos de la media, en muchos casos no hubo recorte sino que se siguió aumentando ese dividendo, por eso es importante seleccionar las mejores empresas dentro del sector.

Por otra parte, hay varios estudios que muestran que los REITs son una gran inversión a largo plazo, con una volatilidad algo más reducida, mayor rendimiento y rentabilidad por dividendo que la media de las compañías cotizadas, por lo que encajan perfectamente con nuestra cartera a largo plazo que nos va a proporcionar rentas para nuestra jubilación.

La correlación entre los REITs y el mercado de renta variable en general es relativamente baja, suele estar entre el 0,55 y el 0,65, lo que significa que no van a seguir totalmente la evolución del mercado general y puede servirnos en muchas ocasiones como un contrapeso que estabilice un poco nuestra cartera.

La volatilidad algo más reducida se puede explicar por dos motivos. El primero es la relativa facilidad para pronosticar sus flujos de caja, saber cómo va a evolucionar su negocio en corto o medio plazo facilita su valoración por analistas, lo que evita muchas sorpresas en presentaciones de resultados y grandes desviaciones, para bien y para mal.

Por otro lado, el tener un atractivo rendimiento a través de dividendos hace que los inversores sean más pacientes en las caídas y no se produzca pánico y grandes "sell-off" (ventas masivas) en las grandes crisis bursátiles.

Todo esto no quiere decir que sean un activo carente de riesgo, de hecho, la bajada de tipos que hemos visto en los últimos años ha hecho que este tipo de valores con un flujo de rentas más o menos previsible, se conviertan en una alternativa a bonos, convertibles y renta fija de medio-largo plazo que estaban dando unos rendimientos muy bajos.

Ahora que parece que los tipos de interés suben de nuevo, este tipo de valores pierde interés para estos inversores y salen de ellos, lo que está provocando grandes caídas en las cotizaciones. Los tiempos van cambiando y no quiere decir que todo se vaya a mantener igual de por vida, siempre tendremos que estar vigilantes de nuestras inversiones.

¿Qué debe cumplir un REITs y qué ventajas tiene?

Para que una compañía pueda ser considerada un REIT debe cumplir con una serie de condiciones:

- Repartir en forma de dividendo entre sus accionistas al menos el 90% de los beneficios sujetos a tributación.

- Invertir al menos el 75% de sus activos en propiedades inmobiliarias, créditos hipotecarios, acciones de otros REITs (pero < 25%) y efectivo.

- Recibir al menos el 75% de sus ingresos brutos de las rentas de alquileres, cobro de intereses de hipotecas o venta de propiedades inmobiliarias.

- Tener un mínimo de 100 accionistas y que no más del 50% de las acciones estén en manos de 5 o menos accionistas.

- Estar dirigida por un consejo de administración o fideicomiso que supervisa a la dirección ejecutiva de la compañía. Ser una entidad sujeta a tributación

¿Qué tipos de REITs existen?

Fundamentalmente podemos encontrar dos grandes tipos de REIT en función de su inversión:

- Equity REITs o Estos REIT invierten directamente en la compra de propiedades y buscan generar rendimientos a través de los alquileres y venta de inmuebles. Este tipo de REIT es el más común (sobre el 90%) y en el que vamos a centrar nuestro estudio.

- Mortgage REITs o Este tipo de REIT invierte en hipotecas ("mortgage") y productos financieros derivados de estas (buscan rendimientos financiando su construcción y a través de los intereses de los créditos).

Fueron el tipo de REITs más comunes en los 60 y 70, pero el brusco aumento de los tipos de interés en el año 73 hizo que muchos propietarios no pudieran hacer frente a sus hipotecas y los impagos acabaron con la mayor parte de este tipo.

La mayor dificultad en valorar los productos que poseen (créditos) comparado con la propiedad directa de inmuebles, junto con un mayor nivel de apalancamiento (ratio deuda sobre capital propio) hacen que sean valores más volátiles. Son también mucho más sensibles a los tipos de interés que los REITs que invierten directamente en la propiedad de inmuebles. Por tanto, este tipo de REITs suele ser una inversión más volátil, con mayores rendimientos por dividendo, pero también con un mayor riesgo que los que invierten directamente en propiedades.

En cada uno de estos grupos podemos encontrar REITs cotizados, REITs públicos pero no cotizados y REITs privados.

Los REITs cotizados están registrados en la SEC (el regulador del mercado americano) y sus acciones cotizan en alguno de los mercados USA (muchos de ellos en el NYSE). Son compañías que están sujetas a los mismos requisitos de información financiera y transparencia que el resto de compañías cotizadas (cuentas trimestrales y anuales auditadas). Son los REITs en los que podemos invertir comprando sus acciones como cualquier otra compañía.

Los REITs públicos pero no cotizados son aquellos que están registrados en la SEC y por tanto deben cumplir con la mayor parte de los requisitos exigidos a las compañías cotizadas, pero que no cotizan en ningún mercado de acciones americano. No son tan líquidos, suelen tener un cierta cantidad mínima en la compra de acciones y las comisiones suelen ser más elevadas (son mercados OTC, "Over The Counter").

Los REITs privados están pensados en su mayor parte para inversores institucionales, no cotizan y normalmente no se pueden comprar pequeños paquetes de acciones, sino que existen mínimos de compra elevados.

Por último, podemos oír hablar de UPREITs y DownREITs, que hacen referencia a un par de organizaciones de REITs similares, en los que los REITs no poseen directamente las propiedades sino intereses (participaciones) en un MLP que es el que realmente posee las propiedades (MLP "Master Limited Partnership" es un tipo de sociedad USA muy habitual para invertir en empresas de infraestructuras energéticas como oleoductos o gasoductos. Tal vez tiene una traslación directa en España, pero es como una especie de "comunidad de propietarios").

UPREITs hace referencia a "Umbrella Partnership REIT" porque el REIT hace de paraguas que cubre la estructura de sociedades que hay debajo. Se empezó a utilizar para que sociedades que ya tenían propiedades inmobiliarias pudieran adoptar la estructura de un REIT sin tener que vender estas propiedades a una nueva sociedad creada como REIT, con el consiguiente pago de impuestos por probables plusvalías.

Los DownREITs son estructuras similares en las que fundamentalmente la diferencia está en que la dirección del REIT no tiene intereses (participaciones) en el MLP (sólo el REIT) mientras que en la anterior es habitual que sí las tenga.

Estas estructuras dan una ventaja fiscal en caso de ventas de activos y es que en muchas ocasiones se hacen intercambios de intereses (participaciones) entre diferentes REITs de sus MLPs de forma que diversifican su cartera sin tener que comprar/vender y por tanto pagar impuestos.

¿Y qué son las SOCIMIs? ¿En qué se parecen a los REITs?

Las SOCIMIs son el equivalente español a los REITs americanos (los REITs o equivalentes existen en unos 40 países en todo el mundo). Es un tipo de sociedad con unas características similares y que se creó hace pocos años en España para tratar de cubrir ese hueco, buscando una forma de incentivar la inversión en un sector que estaba siendo devastado por la crisis (se crearon en el 2009, aunque la ley se reformó en el 2013 y ha sido tras esta modificación cuando ha tenido cierto auge).

La principal diferencia que existe con los REITs USA es la juventud de las SOCIMIs, frente a empresas con un historial de más de 30 años de resultados crecientes y reparto de dividendos, tenemos empresas que todavía están creando cartera, que todavía apenas generan ingresos, que no han repartido dividendos (algunas han anunciado que lo van a hacer en breve), etc. Es decir, estamos ante un riesgo mucho mayor si consideramos la inversión en estas empresas que en sus "colegas" americanas.

Por otra parte, también podemos estar ante una oportunidad única de invertir en unos negocios de gran futuro que se están formando ahora y que por tanto puede que coticen a precios de risa comparado con el que tengan en unos años.

Son empresas que no deben tener en sus balances basura (activos de poco valor a precio de oro) correspondiente al periodo de burbuja inmobiliaria de hace unos años. Son empresas nuevas que han formado sus carteras de inmuebles en un periodo de crisis aguda del sector inmobiliario. Es decir, sí lo han hecho bien, han empezado a comprar inmuebles a unos precios muy por debajo de su valor real y esto en unos años debería dar unos rendimientos interesantes.

Cada uno debe sopesar mucho sus inversiones, quizás no sea mala idea buscar alguna posición en las SOCIMI españolas, pero siempre una muy pequeña parte de la cartera y tratando de buscar las que tengan una mayor calidad en los activos.

¿GANAR DINERO SIN DINERO?

Es posible ganar dinero sin tener dinero. Las personas que leen este artículo están aquí porque quieren saber cómo hacer para ganar dinero sin tener un capital inicial para invertir.

La respuesta es que sí se puede comenzar a invertir en bienes raíces para generar ganancias sin tener un capital, porque lo primero que debes de invertir en este negocio es tiempo, conocimientos y trabajo. Mario Esquivel, autor del best seller "Ganar dinero sin dinero en bienes raíces" es una de las personas que mejor conoce y aplica el nuevo paradigma inmobiliario. Él explica que cualquier persona sin necesidad de invertir dinero, puede generar riquezas en este mercado y donde aparentemente las barreras de entrada a este sector, por falta de conocimientos técnicos y experiencia previa, se creían que eran inalcanzables para el ciudadano normal.

Mario Esquivel comparte que el capital inicial no es lo más importante para lograr ingresar a este sector y generar ganancias. En este momento tienes que calcular el tiempo exacto en el que tendrás tu rendimiento y ganancia (de tres a seis meses) controlando lo que ganarás exactamente en cada negocio u operación que consigas hacer.

En el negocio inmobiliario intervienen miles de personas que buscan ganar dinero de esta manera, mediante la negociación de bienes raíces. Este es un modelo para ganar dinero sin dinero en bienes raíces, la mayoría de personas que se ubican en este sector, están sumergidas en un "océano rojo" donde la competencia es enorme, brutal y los márgenes de beneficios son más estrechos con el pasar del tiempo, pero lo que tenemos que buscar, son los "Océanos azules" los cuales son los nichos que no están muy explotados y que puedes empezar a buscar información, teniendo la creencia de que puedes convertirte en un inversor y este ha de ser tu principal objetivo. Océanos azules los hay ahora, los ha habido y los seguirá habiendo en el futuro, solo es cuestión de saber encontrarlos, conocer bien la oferta, la demanda y tomar acción, siempre buscando manejar la información del mercado el cual es un punto muy importante para tener en cuenta.

¿Cómo podemos comenzar a operar en este mercado sin disponer de dinero para invertir y generar ganancias?

Fácil, nos centraremos especialmente y con fuerza en la parte de vender (Todas aquellas personas que tienen la necesidad de vender su propiedad colocándola en el mercado) y en las múltiples ofertas que existen en el mercado. Para esto deberemos seleccionar las propiedades que cumplan con ciertos requisitos el cual nos ayudará a realizar una operación más rápido.

Para comenzar a buscar una operación, nos tenemos que apoyar en los sistemas digitales. En cada país es fácil encontrar sitios web en los en los cuales se publican muchos mercados inmobiliarios, los cuales nos permiten optimizar nuestro tiempo y no es necesario que publiquemos en estos sitios, aquí podremos seleccionar un inmueble que tenga potencial y que puede llevar cierto tiempo ya en el mercado sin ningún éxito.

Se propone al vendedor de la propiedad que lleva tiempo en el mercado, ofrecerle resolver el problema de falta de demanda, o sea, la falta de potenciales clientes que puedan visitar la propiedad y mostrarse interesados. Todos sabemos que una propiedad restaurada es más fácil y rápida para vender. Si el vendedor no tiene el dinero para la reforma, puedes ser tú que le ofrezca la idea de invertir en su propiedad, te encargarás de realizar las reformas y de realizar un contrato de asociación en participación de la propiedad. El beneficio que puedes obtener en cada operación que logres conseguir tienes que basarlo en disponer de un marguen que sea suficiente para apoyarlo al coste de la reforma, sea justo y dé a la operación un ganar-ganar a todas las partes que están incluidas: vendedor, comprador y tú como inversionista asociado.

Hay un montón de ideas y conceptos los cuales puedes usar en una vivienda para mejorar su potencial de compra, lo más recomendable es poner todo en la reformación de la cocina y baños, los cuales son unos puntos importantes para los potenciales compradores.

En el acuerdo de asociación se determinan las condiciones económicas que se aplicarán una vez realizada la venta, es decir, el beneficio que a ti te interesará.

Hasta ahora todo muy bien pero ¿quién sufrirá las reformas del inmueble si tú no cuentas con el dinero en las primeras operaciones?. Para esto has de encontrar una empresa de reformas que confíe en ti y en la que confíes y puedas llegar a un acuerdo de pago aplazado (un tiempo estimado de 3 meses es una medida bastante razonable) y que puedas apalancarte del dinero. Si llegara a superar el tiempo de plazo acordado y no se ha vendido la propiedad, la empresa de reformas aplicará recargos que reducirá tu beneficio a la hora de la venta de la propiedad.

¿Esta forma de apalancamiento es posible?

Por supuesto que sí es posible, el secreto es determinar y concretar acuerdos ganar-ganar, a todas las partes participantes en el negocio. Es aquí donde debe entrar tu faceta de negociador y vendedor.

Un riesgo que hay que tratar en este tipo de negocio es asegurar que el vendedor de la propiedad pague lo acordado en el contrato cuando se haya producido la venta del inmueble. Es para esto que se debe concretar la aceptación por parte del vendedor de realizar una firma de documento legal que le compromete en la operación, este es un documento del tipo "pagaré con aval". Así estaremos dando una solución a un problema real que tiene el vendedor de una propiedad que necesita dinero, está cansado de esperar y de esta manera aseguramos que sea una fórmula ganar-ganar para ambas partes. Tú como inversor debes de tener la garantía de tu inversión (apalancándote del dinero de terceros) y el vendedor ha de saber que si no paga, tú ejecutarás la garantía aceptada, o sea el pagaré o el aval. Si el vendedor no acepta esta fórmula de contrato no te preocupes, es muy seguro que has de encontrar muchos otros propietarios que estén dispuestos a formular un acuerdo ganar-ganar contigo, solo debes seguir buscando.

¿Es sencillo? Sí, ¿Es fácil? NO.

No es fácil ya que para poder articular un modelo como el descrito anteriormente, tienes que salir de tu zona de confort y ponerte a prueba buscando lo que realmente quieres que es ganar-ganar. No debes darte por vencido, este es un modelo de inversión sumamente difícil pero que si le puedes agarrar el ritmo lograrás conseguir grandes ganancias.

¿Este es un modelo de negocio válido para cualquier persona?

No, este no es un modelo de negocio que pueda llevar cualquier persona, pero no por eso quiere decir que existe un solo tipo de persona que pueda poner en marcha este tipo de negocio. Para ejercer este tipo de negocios tienes que saber rodearte de personas que sepan gestionar las partes legal, fiscal y también tasadores inmobiliarios.

Aquí les dejaré una historia sobre una persona que invirtió en bienes raíces sin dinero, para lograr cumplir el objetivo que se propuso. Su historia comienza así:

Robert Miyazaki, Autor del libro "Padre rico, Padre pobre" solía decir "No digas no puedo, sino di, qué puedo hacer"

Santiago comienza la historia de cómo compró su motocicleta trabajando en bienes raíces y tiene un mensaje que decir, el cual es: ¡SÍ SE PUEDE! no debemos ser negativos diciendo que no se puede, debemos de cambiar nuestra forma de pensar, preguntándonos cómo y qué debo hacer. Dios nos dio a todos los humanos los dones, talentos y ahí están, es cuestión de nosotros ver cómo nos entrenamos para saber cómo utilizarlos en nuestra vida.

Mi anécdota de la compra de la moto "pandillera", fue de esas cosas que tienen un propósito, "yo creo que no hay nada por casualidad, en todo, Dios tiene un propósito".

Se dio porque un grupo de amigos, miembros de la congregación cristiana a la cual asisto, me invitaron a que saliera con ellos a pasear en motocicleta. Me prestaron una moto pequeña de 125 CC "mensajera", la cual me llevó hasta la frontera con Panamá a 325 kilómetros de distancia.

Yo los acompañé, pero claro, ellos viajaban con máquinas poderosas de más de 800 CC, grandes, cómodas, rápidas y elegantes. Dicen que yo iba a cien, pero "haciendo presa". Dicha situación me motivó a adquirir mi motocicleta, la cual costaba aproximadamente $6000 dólares, en el 2013.

En principio dije "no puedo comprar la motocicleta, no tengo plata". Sin embargo recordé que en "Padre Pobre Padre Rico", KiyosaKi, mencionó que no se debe decir NO, sino más bien preguntarse:

- ¿Para qué quiero tener la motocicleta?

- ¿Qué debo hacer para tener la plata?

La "realidad" era que en mi contexto, existían pocas (y costosas) posibilidades para conseguir el dinero necesario para comprar la moto. Después de realizar una mini tormenta de ideas para analizar cómo conseguir el dinero, mis opciones eran:

1. Podía conseguir un préstamo, pero a tasas bastante altas de interés, que rondaban entre un 18 y un 22%, situación que con muy poco análisis deseché. Lo descarté, por un lado por el alto interés y por otro, porque estaba adquiriendo un pasivo, el cual no ponía dinero en mi bolsillo.

2. Buscar un nuevo trabajo.

3. Otras similares.

Todas fueron descartadas, ya que no estaba dispuesto a pedir prestado, y no quería trabajar más, ya que estaba jubilado. Las alternativas fueron cada vez menores.

En el trascurso de 8 días me pregunté:

¿Realmente quieres la moto, te gustaría adquirirla? ¿De qué te servirá?

Las respuestas fueron positivas:

Sí, realmente la quiero, sí, me servirá como medio de trasporte, pasatiempo, y me hará ahorrar combustible. (Con mi carro gastaba $100 dólares mensuales y con la moto gastaría $12, tamaño de diferencia). Todo se redujo a una sola pregunta:

¿Cómo obtener honestamente el dinero, sin adquirir deudas malas?

Un buen día de mañana, con sol radiante, mientras caminaba, leí en un rótulo: "Propietario vende lote, sin intermediarios".

Tomé el número de teléfono que indicaba en el rótulo y me informé con el dueño, quién era él, dónde vivía, cuántos metros medía el lote, cuál era el valor del lote, condiciones de venta, etc.

Una vez que tuve los datos busqué con él una reunión para conocernos, y aproveché para comentarle que yo podría encontrarle un comprador, pero claro, siempre y cuando existiera una comisión, la cual acordamos en un 5% sobre la venta, lo que me daría unos $4.000 dólares.

Y como se dice… El que tiene la información, tiene el poder.

Pronto me di cuenta de un posible comprador, con el cual me reuní y le conté que yo podría conseguirle un lote y además, dada mi relación con los bancos a través de algunos de mis estudiantes, también podría facilitarle el acceso a parte del crédito si es que lo necesitaba. El trato era que si el negocio se realizaba, él debía darme una comisión de $2000 dólares. Aceptó el acuerdo.

Esta negociación la monté en un término de 30 días, y esperé otros 30 días para que el banco le realizara el desembolso al comprador.

Ambos caballeros cumplieron lo prometido de boca, sin documentos firmados, y así es como hoy tengo mi motocicleta de 800 CC marca Suzuki, la cual disfruto todos los días, viajando inclusive a otros países como Nicaragua, Panamá, pero sobre todo en mi linda Costa Rica, llena de sol, arena y mar.

Este es uno de esos negocios donde solo existe la posibilidad de ganar – ganar, donde ganamos los 3 participantes (propietario, comprador y este servidor intermediario). Creo que los bienes raíces son un medio fácil, limpio y rápido para ganar dinero, no se necesita dinero para realizar el negocio, solo la información de quién vende y quién compra.

Además, creo que es universal, se realiza en cualquier parte del mundo, con circunstancias similares en todos los países. Para muchas personas puede ser el negocio de su vida, siempre que trabajen justamente, con trasparencia y con honradez, lo demás lo hará prosperar Dios.

Te invito a usar los dones que Dios te dio de forma abundante y gratuitamente, y por los cuales algún día nos preguntará: ¿Qué hiciste con los dones que te di?, espero que en tu caso, Dios te diga: "Bien hecho, siervo bueno y fiel".

Otro ejemplo de inversión sin dinero:

Define qué quieres

Cuando compré mi primer apartamento estaba segura de que no lo quería necesariamente para vivir, deseaba invertir mis ahorros en algo que me generara ingresos más adelante sin mucho esfuerzo. Como no soy buena con el Forex, ni en ventas de cadena pensé que los bienes raíces serían lo mejor para mí: compras una casa la alquilas y ya.

Obviamente hay que pensar en los gastos de mantenimiento, en las emergencias (las goteras, los tubos rotos, los malos inquilinos) y los impuestos, pero comparando el tiempo invertido con los ingresos, la ganancia es mucha. Si vas a invertir en bienes raíces por primera vez, piensa si deseas que ese lugar sea tu hogar o si deseas rentar para generar ingresos.

Cuando compras una casa estás pensando en tu hogar perfecto, el barrio que más te guste, un lugar espacioso, funcional, etc. Ahora bien, ese lugar perfecto puede estar por fuera de tu presupuesto, pero no importa ya te explico por qué. Decide para qué deseas invertir y empieza por ubicar tu sueño dentro de lo real.

Empieza por lo pequeño:

Cuando me puse en la tarea de comprar mi primer apartamento, investigué qué necesitaba. Visité varios bancos para conocer mi capacidad de crédito, cuánto podían prestarme y cuánto debía tener yo para mi cuota inicial.

Como ya tenía algún dinero ahorrado, saqué la calculadora y me di cuenta de que no podía adquirir algo, por ejemplo, por $100 millones, lo que dejaba por fuera de mi rango varias posibilidades. El banco sólo me prestaba para algo de $70 millones y yo debía tener el 30% de ese valor como cuota inicial.

Yo no poseía algún subsidio de vivienda (como existe en varias partes) que pudiera proveerme de un ingreso extra. Con mis ahorros y una que otra pequeña ayuda logré completar la cuota inicial, así que fui al banco para un pre-aprobado.

Con luz verde por parte del banco empezó la cacería (que duró unos siete meses). Tenía claro que iba a comprar algo dentro de mi presupuesto con el fin de tener una cuota de pago módica que no se llevara todo mi sueldo y me dejara la posibilidad de ahorrar para pagar lo más rápido posible. ¡Y lo conseguí!

Compré un apartamento pequeño, por debajo de mi presupuesto, en un buen sitio y muy acogedor. No era precisamente el lugar donde yo aspiraba a vivir pero era algo muy bueno dentro de lo que podía pagar.

Lo que te quiero decir con esto es que, a la hora de invertir, no necesariamente tienes que comprar la mansión de tus sueños. Tampoco quiere decir que tu primera compra va a ser tu hogar de por vida.

Míralo solo como una inversión pequeña que en el futuro te dará la posibilidad de comprar algo más grande y mejor. Busca algo económico, que se acomode a tus ingresos y que después de algunos meses no sea una tortura de pagar. Si la cuota te roba la mitad del sueldo y eso implica que deberás llenar el cupo de tu tarjeta de crédito, hacer terribles sacrificios o endeudarte más para sobrevivir no vale la pena.

Revisa cuidadosamente cuánto puedes dar en pagos mensuales y si te da espacio para ahorrar y realizar abonos al capital. Visita varios bancos y asesórate de personas que ya posean vivienda para tomar la decisión adecuada.

¡Deja que las deudas se paguen solas!

¡Esta es mi parte favorita! Tú puedes hacer que las deudas se paguen a sí mismas, lo que suena algo ilógico, pero así es. Al comprar una casa, no la habites, réntala y la renta dará para pagarse sola.

Así lo hice yo, al principio tuve que poner algo más de dinero, pero a medida que fui haciendo abonos la cuota fue disminuyendo. Durante ese tiempo, por supuesto, tuve que hacer varios sacrificios: vivía en habitaciones rentadas o con mis papás, lo cual es más barato que arrendar una casa y me libraba de los costos de servicios públicos.

Por otro lado, obtuve un empleo extra lo que me hacía trabajar diez horas diarias de lunes a sábado. Fue agotante pero solo fue por dos años. En este tiempo, ahorré todo lo que mi trabajo extra producía y con ello pude hacer abonos al capital disminuyendo cada vez más los pagos y, lo mejor, ¡ya empezaba a sobrar dinero!

Esta fue la decisión que yo tomé. Viví un poco apretada durante ese tiempo pero siempre tuve para unas vacaciones tranquilas, todo esto, producto de mi planificación. Otras alternativas, una vez adquieras una propiedad, pueden ser:

Rentar una o varias habitaciones: tener "housemates" puede ser divertido o una pesadilla, eso depende de ti a la hora de escoger los habitantes de tu casa. Mira cómo avanzas en esta opción y sacrifica un poco, no quiere decir que así será toda la vida. Ese ingreso extra hará más fácil tu vida en el futuro.

Renovar una parte de la casa de tus papás: para que puedas vivir allí. El costo del préstamo será más bajo y estarás en un lugar que será tuyo una vez decidas los términos de la propiedad con tus padres. Lo bueno de la mayoría de las familias es que siempre están dispuestas a contribuir en el bienestar de sus hijos, por lo que puede ser un punto a favor para ti.

Comprar una casa que ya posea una renta: algunas construcciones, especialmente las casas grandes poseen un aparta estudio, o un primer piso que funciona independiente de la construcción principal. ¡Réntalo y así tendrás casa con dos benéficos en uno!

Renta el garaje: en alguna ciudad que viví era algo común que los garajes se adaptaran como aparta estudios. Solo había que poner una pequeña cocina, un baño y ¡YA! Tienes una habitación independiente con un buen ingreso para arrendar.

Utiliza AirBnB: únete a este programa y renta tu casa a turistas.

Consejos para invertir en bienes raíces

Ubicación: el valor de una propiedad depende en gran mayoría de su ubicación. Tener un aparta estudio en el un sector exclusivo es mejor que tener una casa gigante en el peor barrio de la ciudad. Analiza dónde deseas comprar: las vías de acceso, el transporte público, la cercanía a centros comerciales o zonas de esparcimiento. Algunos factores, como estar frente a una vía muy transitada, puede disminuir el valor de una propiedad.

Evalúa el mercado: investiga en diferentes inmobiliarias los precios de las rentas, los servicios públicos y los impuestos para que te hagas una idea de tu margen de ganancia. Así podrás tener las cuentas más claras sobre cuánto debes poner o sobrarte al rentar. Pregunta por los sectores que están en crecimiento o donde se estén construyendo obras públicas que permitan a futuro aumentar el precio de tu propiedad. Podrías vender más adelante y ganar mucho más dinero.

Estado de la propiedad: revisa cuidadosamente el inmueble que deseas comprar, el estado de la estructura, baños, puertas, cocina, etc. Si hay algo que necesite renovación puedes negociar un descuento. También es importante preguntar por quiénes son los vecinos ya que nadie desea personas ruidosas o problemáticas a su alrededor.

Comprar para remodelar: si te gusta el diseño de interiores, esta es una buena opción, además la propiedad sale más barata. Si esta opción te llama la atención, realiza un presupuesto de renovación con un experto (recuerda ponerle un 10% ya que los presupuestos nunca son exactos) y ve que tan buen negocio es. Esta puede ser otra opción de negocio: compras barato, remodelas y vendes más caro.

Remates de bancos: los bancos constantemente embargan propiedades por incumplimiento de pagos. Esas mismas propiedades luego las venden más baratas en el mercado por lo que se convierten en una verdadera ganga. Antes de comprar investiga en los bancos locales por sus remates.

Compra un terreno y construye: en ocasiones construir puede ser más barato que comprar hecho. Investiga y presupuesta esta opción.

No compres sobre planos: cuando compras sobre planos posees la ventaja de tener más tiempo para pagar la cuota inicial, pero eso significa un tiempo de dos o tres años de dinero muerto. Si compras algo listo para rentar, desde el primer día podrás empezar a generar dinero. Además estás sujeto a retrasos en la entrega de la obra, gastos extras ya que no entregan las terminaciones o quizás robo.

Piensa a largo plazo: recuerda que una propiedad no te hará rico de la noche a la mañana. Es un proceso que lleva tiempo (¡pero el tiempo vuela!) pero poco a poco te ayudará a construir un ingreso estable y una pequeña fortuna.

Analizaremos el caso de Robert Kiyosaki

Kiyosaki comenzó a interesarse por una propiedad de un valor de 100.000 dólares. Cuando comenzó la gestión para adquirirla y negoció un excelente precio en efectivo de 80.000$ dólares (esto demuestra por qué llegó a ser uno de los mejores vendedores en Xerox, por su poder de negociación tanto para comprar como para vender). De los 80.000$ solo contaba con 10.000 y para completar el faltante, solicitó un préstamo bancario por 70.000.

Para lograr vender el mobiliario en poco tiempo, publicó un aviso muy tentador (con este aviso me darían ganas de llamarlo ahora mismo):

"Casa en venta. Dueño desesperado. No se requiere autorización bancaria. Bajo pago inicial, fáciles pagos mensuales".

¡Wow!, este aviso es genial, solo falta que diga "¡venga con un dado y si saca un 3 se la lleva gratis!".

Dato: Para la época en que Kiyosaki realizaba estas operaciones, comenta que demoraba entre 1 y 4 semanas terminarlas, desde que compraba hasta que vendía.

Los números del caso:

• 100.000   Es el valor de mercado de la casa.

• 80.000   Es el precio por el que la compra.

• 10.000   Es lo que Kiyosaki pone de sus ahorros para la compra de la casa.

• 70.000   Es el préstamo que Kiyosaki toma del banco.

Consiguió un comprador para la casa en menos de un mes que estuvo dispuesto a pagar 100.000 pero en cuotas, por lo tanto serían 100.000 más intereses.

Para asegurar el negocio, Kiyosaki implementó un contrato con una garantía por 100.000 (que no quiere decir que se la vendió a 100.000, solo es una suma para tener como garantía.) Si el comprador dejaba de pagar en algún momento, Kiyosaki podía volver a vender la propiedad a otro, sin tener que regresarle el dinero pagado hasta el momento.

Kiyosaki explica:

"El efecto neto es que he creado 30.000 dólares en mi columna de activos, por los que me pagarán interés".

No termina de cerrar bien la explicación de cómo es que va a cobrar interés por esos 30.000 que menciona, pero podemos analizarlo. Volvamos a los números para refrescarlos:

• 80.000   Es el precio por el que compra la propiedad.

• 10.000   Es lo que Kiyosaki pone de sus ahorros para la compra de la casa.

• 70.000   Es el préstamo que Kiyosaki toma del banco.

• 100.000 + intereses es el valor en que vende el bien raíz, pero casi todo en cuotas (aunque la garantía es por 100.000).

Para hacer el ejemplo simple y claro:

- Supongamos que el banco le cobra un interés de un 10% (anual) por el préstamo de 70.000.

- Supongamos que el anticipo que Kiyosaki le cobra al comprador de la casa es de 10.000.

- Supongamos que Kiyosaki, le cobra al comprador de la casa el mismo porcentaje de interés que cobran los bancos, un 10% (anual) por los 90.000 restantes.

- Supongamos que kiyosaki financia el pago total de las cuotas a 1 año.

Nota: la elección de un 10% de interés anual, es para hacer los números redondos.

La situación vista del lado del empleado bancario:

• Ve pasar a diario este tipo de operaciones, pero no ingresa en ninguna, simplemente cobra un sueldo a fin de mes. Si no se presenta cada jornada a trabajar, no cobra.

La situación vista del lado del banco:

• Gana un 10% anual de 70.000, lo que es igual a 7.000

(Esto debería pagarlo Kiyosaki, aunque más adelante muestro cómo hizo para pagar interés solo por 60.000).

La situación vista del lado del comprador del bien raíz:

• Tiene que pagar solo 10.000 de adelanto

• Consigue una financiación por 90.000, pagándole a Kiyosaki un interés de un 10% anual (9.000)

• Como la financiación se la da Kiyosaki, no requiere de gran papeleo como le pediría un banco. La compra puede ser casi inmediata y el interés que le cobra Kiyosaki es el mismo que le cobraría un banco.

La situación vista del lado de Kiyosaki:

• Los 10.000 que puso de sus ahorros para pagar la propiedad se los solicita al nuevo comprador como anticipo. Por lo tanto, recuperó esos 10.000 en menos de un mes.

• Con esos 10.000 puede adelantar cuotas al banco. El préstamo que había sacado era de 70.000 – 10.000 (que adelanta). Ahora solo debe 60.000.

• Los 60.000 restantes del crédito que le solicitó al banco + sus intereses, los va pagando con las cuotas que paga el nuevo comprador de la casa. Sería como "transferirle" el crédito al nuevo comprador. Pongo "transferirle" entre comillas porque no se hace esta transferencia en los papeles realmente.

• Gana 20.000 por haber comprado a 80.000 y haber vendido a 100.000.

• Gana intereses por los 20.000 que ganó en la compra venta + 10.000 que puso. Los intereses son un 10% anual, por lo tanto, el 10% de 30.000 = 3000.

Diferencia entre Ganancia de capital y Activos

Los 20.000 que ganó por realizar una compra-venta es una GANANCIA DE CAPITAL.

Los 3.000 que ganó por intereses son ganancias generadas por un ACTIVO. Todos los meses le ingresaba dinero a su bolsillo sin hacer más nada.

Conclusiones:

Básicamente lo que hizo fue, primero ganar 20.000 por la rebaja que pudo conseguir. Luego apalancarse con dinero del banco y en cierta forma transferir el pago del crédito al nuevo comprador. Luego cobró intereses por esos 20.000 que se ganó y además cobró intereses por 10.000 que puso de su bolsillo.

Una vez que recuperó sus 10.000, ¿para qué adelantó cuotas al banco? Lo hizo para poder cobrar él, el interés por esos 10.000 en vez del banco. Si no los adelantaba, el banco cobraría interés por 70.000, pero como los adelantó, el banco solo cobraría interés por 60.000, el interés por los 10.000 restantes se los quedaba él.

Si hubiera tenido que hacer un negocio similar pero sin apalancarse en el banco, solo poseía 10.000 en mano, por lo tanto, podía ganar solo el 10% de esa suma = 1.000 en un año. Y de ganar 1.000 pasó a ganar 23.000 por utilizar al banco como apalancamiento. ¡Vaya si hay diferencia!

Intermediando en operaciones inmobiliarias

Un intermediario en el mercado inmobiliario es la profesión que suelen ejercer los agentes del sector, que por mediar en cada venta o vivienda alquilada cobra una comisión. El papel de intermediación o asesor en inversiones inmobiliarias bien hecho será una forma de obtener beneficios. "La clave para triunfar es el producto", apunta Flores, "un buen intermediario es aquel que hace una buena tarea de captación y cuenta con buen producto, como piezas exclusivas en localizaciones prime, alquilar viviendas pequeñas de precio reducido en grandes ciudades, apartamentos o los pisos de los bancos que están a buen precio y pueden financiarse al 100%. Para ello, debe conocer el mercado y el cliente".

Aunque el agente Antonio J. Berzal Otero recuerda que "solo intermediando se invierte menos que comprando y vendiendo, pero siempre se invierte". Para empezar en el oficio, las franquicias inmobiliarias abren las puertas al autónomo. "Yo soy agente autónomo de REMAX ya que es como si tuvieras una inmobiliaria tuya con los mínimos gastos de estructura. Francamente un buen sistema", aconseja Berzal. Formándose, haciendo contactos y moviéndose entre un círculo de inversores es la manera de empezar y coger experiencia.

Transformar una nave o local en vivienda

El coste de los locales comerciales ha estado históricamente siempre por debajo del de las viviendas. Por eso, haciendo un cálculo fiable del dinero que cuesta comprar una de estas naves y las obras integrales de transformación en vivienda y su adaptación a las exigencias del Código Técnico de Edificación (CTE), se analizará si es un buen negocio. Es aconsejable un estudio previo de la demanda de un mercado local para asegurarse de que tendrá demanda.

Más tarde se podría contratar a un decorador o arquitecto para que calculen el costo de esta transformación, y nos faciliten una infografía digital que nos ayudaría enormemente con nuestro cliente inversor. Finalmente, para asesorarle en fijar el precio de venta, un buen método es poner anuncios por los canales de venta más frecuentados (Internet, carteles en la calle, portales inmobiliarios, etc.) para dar con el precio al que los posibles inversores pagarían por cada uno de los lofts. Toda esta información útil se podría vender en un dossier a un inversor y cobrar unos honorarios.

Comprar deuda inmobiliaria y negociar con el banco

La deuda bancaria y los desahucios no paran de subir. Por eso, muchos promotores, inversores o personas corrientes con más de cinco inmuebles están en peligro de que el banco los embargue. En estos casos, el inversor puede comprar toda esa deuda bancaria al propietario para luego negociar con el banco.

"Si se nos presenta cualquier promotor o inversor con un montón de inmuebles con deuda bancaria, podríamos pagarle una gran comisión por comprárselo o ayudarle a rentabilizarlo a través del alquiler", explica Haro. ¿Estrategia de fondos buitre? Quizás estas situaciones no sean las más adecuadas para el vendedor, pero puede ser una salida menos mala antes de caer en el embargo o en una deuda de por vida que le haga caer en la bancarrota.

Gestionar patrimonio o financiación de terceros

Siendo un buen negociador y conocedor del sector se estará preparado para rentabilizar el capital propio de terceros. "Se pueden invertir pequeñas cantidades de un gran capital en varios nichos del sector, como si fuese la bolsa, es decir, 3.000 euros, 4.000 euros o más en negocios inmobiliarios y convertirte en alguien que gana dinero invirtiendo". Las SOCIMI, que dedican su actividad principalmente a obtener rentabilidad en el mercado del alquiler, cada vez se presentan como mejor opción, con accesibilidad a través del Mercado Alternativo Bursátil (MAB). Pero antes conviene estar informado y asesorado: "Es una buena opción por la liquidez que ofrecen, por la diversificación y por la posibilidad de acceder con importes inicialmente pequeños", apunta Flores al respecto.

En cuanto a gestionar el mejor uso de los inmuebles de un propietario, estamos hablando de un papel muy parecido al del administrador de fincas, esto es, de llevar los asuntos financieros, legales y técnicos necesarios para su mantenimiento. Encargándose de alquilarlo, exigiendo el cobro de las rentas o encargándose de conservar el piso (reformas, suministros, seguridad...), mientras permanezca vacío o a la venta. Llevar una gestión profesionalizada de los mismos es algo necesario.

Ahora que has leído sobre los sistemas de inversión en bienes raíces, sus diferentes modelos, ejemplos de personas que han logrado conseguir riquezas aprovechándose de la información y tienes una idea básica de cómo lograr entrar en el negocio de los inmuebles, tienes que saber cómo comenzar a trabajar de esto legalmente, es por ello que te traigo una pequeña guía para que sepas cómo convertirte en un agente de bienes raíces.

Estando en este punto podremos preguntarnos entonces ¿Cuál es la mejor manera en la que podemos comenzar en el negocio de las bienes raíces?

Existen un sinfín de respuestas para esta pregunta, pero siempre tenemos que tener en cuenta que para comenzar en este negocio debemos de hacer de intermediario y poner todos nuestros conocimientos en ello.

¿Por qué la intermediación en Bienes Raíces?

- Usted puede comenzar a hacerlo en su tiempo libre.

- Hay un riesgo financiero de cero (0).

- Prácticamente no hay costos de inicio de la actividad.

- No necesitas tener un capital para poder comenzar.

- Puedes determinar si la inversión en bienes raíces es lo tuyo, antes de invertir cientos de miles de dólares en libros o cursos.

Tu labor será la de suministrar información de los prospectos calificados y el trabajo del inversionista es de gestionar el resto del proceso.

Ganarás mientras aprendes del negocio.

Por cada negocio remitido por ti, que logre cerrar el inversionista, estarás recibiendo una comisión ya antes cuadrada entre tu persona y los demás involucrados en el negocio.

Hay cantidad de formas de realizar los acuerdos en los cuales puedes salir muy beneficiado:

- Poner una tarifa fija de ganancia.

- Establecer un porcentaje de ganancia de la propiedad adquirida.

- Una ganancia neta.

- Comisiones que combinan más de uno de los métodos anteriormente nombrados.

Construye relaciones con mentores

No hay duda de que tener un mentor es la manera mas eficiente de aprender, pero puede ser difícil de encontrar un mentor el cual quiera trabajar contigo, es por eso que debes de tratar de aprender lo más que puedas de la gente que trabaja en este campo.

Por lo general los inversionistas experimentados no tienen tiempo de ser mentores de todas aquellas personas que se lo soliciten, es por ello que debes aprovechar al máximo el tiempo que puedas tener para hablar con una persona experimentada, recuerda que la información es la clave del éxito.

Construye tu equipo

Es más inteligente contar con profesionales de tu lado para darte asesoramiento adecuado. Haz que tu equipo de abogados, constructores, contadores, ingenieros y todos los demás expertos que tendrán que trabajar contigo estén bien capacitados y entrenados.

Comienza la actividad en tu tiempo libre.

Puedes aprovechar ese tiempo libre que tengas para comenzar a trabajar como intermediario de bienes raíces, al suministrar prospectos de excelente calidad estás ahorrando tiempo a tu inversionista y ayudándole a ganar dinero.

Puedes trabajar en este negocio desde la comodidad de tu casa y sin tener que renunciar a tu trabajo actual, lo que debes de tener en cuenta es en realizar gran parte de la investigación de mercado en línea para obtener información.

Mientras vas adquiriendo experiencia, vas a trabajar cada vez más cerca de tus inversionistas y aprenderás de primera mano, cómo funciona el negocio.

A medida que va pasando el tiempo debes ser capaz de dar el siguiente paso en donde sabrás cómo encontrar negocios rentables. Como inversionista experimentado tendrás la capacidad de encontrar vendedores motivados, ese es uno de los aspectos que no cambia en este negocio.

Conoce el Networking:

También es importante para que puedas conocer y comunicarte regularmente con otros inversores de propiedad que pueden ser capaces de darte algunos consejos útiles y te informarás de las tendencias actuales en la industria de bienes raíces. Esto puedes conseguirlo mediante el uso de redes sociales las cuales te facilitarán la búsqueda de información y la capacidad de crear contactos para futuros negocios.

¿Cómo ser un intermediario exitoso?

Debes de reconocer las necesidades de tus inversionistas, conocer qué tipo de propiedades maneja, el rango de precios y en qué ubicaciones busca y prefiere. El inversionista es tu cliente y es tu deber darle a él o ella lo que desean, para poder obtener lo que estamos buscando que es ganar-ganar. Tienes que llevar a cabo una extensa y minuciosa investigación antes de invertir en cualquier área o propiedad. Querrás saber los costes de alquiler de una propiedad en una zona determinada, los ingresos y estilo de vida de las personas en esa área, sus preferencias de sabor y de compra, leyes de zonificación y otra información necesaria que guiarían su inversión.

CONCLUSION

Al leer este libro te darás cuenta de la gran cantidad de formas que se pueden utilizar para generar ingresos mediante este negocio, entenderás que no es necesario tener un capital de inicio para poder adentrarte en el mundo inmobiliario y que lo fundamental es tener la mayor cantidad de información sobre el mercado activo.

En el largo plazo, el activo más importante que la mayoría de las personas tienen cuando se jubilan es el capital que representa su propia casa. Según un artículo que apareció hace varios años en el Reader's Digest, el patrimonio neto promedio del dueño de casa norteamericano tipo era de $ 63.000. El patrimonio neto promedio del locatario típico era de solo $ 1.921. Aproximadamente 30 veces menos. Obviamente, tienes que lograr tener una vivienda propia. Y si ya la compraste, tienes que aprender a convertirla en una máquina de hacer dinero.

Aun cuando el valor de las propiedades no siga subiendo, aprenderás las técnicas apropiadas para comprar propiedades tan por debajo de su valor que no te importará si algunos de los precios en tu ciudad vuelven a subir.

Por ahora, todo lo que requieres entender es que no existe inversión como la de los bienes raíces en cuanto a versatilidad y poder se refiere.

El mejor momento para comprar bienes raíces es HOY y eso no va a cambiar a corto plazo. Tu hogar seguirá siendo no solo tu castillo, sino también tu banco, tu máquina de producir efectivo, tu caja de ahorros obligatoria, y tu vehículo para obtener una jubilación rápida y el estilo de vida de tus sueños.